TABLEAUX MODERNES

AQUARELLES

PAR

BASTIEN-LEPAGE, ROSA BONHEUR
COROT, JACQUE, J. LEFEBVRE, LOBRICHON, MARILHAT
PH. ROUSSEAU, ETC.

VENTE HOTEL DROUOT, SALLE N° 8

Le Mardi 11 Mai 1886

A TROIS HEURES

EXPOSITION PARTICULIÈRE	EXPOSITION PUBLIQUE
Le Dimanche 9 Mai 1886	Le Lundi 10 Mai 1886

DE UNE HEURE ET DEMIE A CINQ HEURES

Mᵉ BOULLAND	MM. HARO FRÈRES
COMMISSAIRE-PRISEUR	PEINTRES-EXPERTS
26, rue des Petits-Champs	rue Visconti, 14, et rue Bonaparte, 20

1886

5372. — BOURLOTON. — Imprimeries réunies, A, rue Mignon, 2, Paris.

CATALOGUE

DES

TABLEAUX MODERNES

AQUARELLES

PAR

BASTIEN-LEPAGE, ROSA BONHEUR
COROT, JACQUE, J. LEFEBVRE, LOBRICHON, MARILHAT
PH. ROUSSEAU, ETC.

DONT LA VENTE AURA LIEU

HOTEL DROUOT, SALLE N° 8
Le Mardi 11 Mai 1886
A TROIS HEURES

EXPOSITION PARTICULIÈRE
Le Dimanche 9 Mai 1886

EXPOSITION PUBLIQUE
Le Lundi 10 Mai 1886

DE UNE HEURE ET DEMIE A CINQ HEURES

Mᵉ BOULLAND
COMMISSAIRE-PRISEUR
26, rue des Petits-Champs

MM. HARO FRÈRES
PEINTRES-EXPERTS
rue Visconti, 14, et rue Bonaparte, 20

1886

CE CATALOGUE SE DISTRIBUE

A PARIS CHEZ

Mᵉ BOULLAND	MM. HARO FRÈRES
COMMISSAIRE-PRISEUR	PEINTRES-EXPERTS
26, rue des Petits-Champs	rue Visconti, 14 et rue Bonaparte, 20

CONDITIONS DE LA VENTE

Elle sera faite au comptant.

Les acquéreurs payeront *cinq pour cent* en plus du prix d'adjudication.

DÉSIGNATION

TABLEAUX

ADAM (ÉMILE)

1. — Le Château de cartes.

Le grand-papa, assis devant la table, s'efforce d'édifier un château de cartes ; auprès de lui, un enfant espiègle s'apprête à souffler sur le fragile édifice et la maman contient l'admiration trop bruyante de la petite fille.

Signé à gauche.

T. — H., 0m,41. L., 0m,58.

ADAM (ÉMILE)

2. — Le Compliment.

La grand'mère, assise dans son fauteuil, sur lequel s'appuient deux petites filles, lit avec attention le compliment que lui récite son petit-fils debout devant elle : la maman souffle le petit garçon resté court.

Signé à gauche.

T. — H., 0m,41. L., 0m,58.

BASTIEN-LEPAGE

3. — Le Printemps.

Charmante et curieuse composition, une des premières œuvres importantes de cet artiste.

Signé à droite.

A figuré à l'Exposition des œuvres de Bastien-Lepage.

T. — H., 0^{m},80. L., 1^{m},03.

BAYARD (Émile)

4. — Un Baptême sous Louis XVI.

Le cortège sort de l'église ayant en tête le nouveau-né, suivi de ses parents; de jeunes seigneurs jettent à pleines mains des dragées aux enfants, qui se précipitent et se disputent pour les ramasser.

Signé à gauche et daté 1883.

T. — H., 0^{m},96. L., 1^{m},30.

BERCHÈRE

5. — Campement en Égypte.

Signé à droite.

T. — H., 0^{m},25. L., 0^{m},39.

BISÉO

6. — A la porte de la Mosquée.

Signé à droite et daté Roma, 1876.

T. — H., 0m,68. L., 0m,90

BLANCHARD

7. — Idylle.

Signé à gauche.

T. — H., 0m,65. L., 1m,70.

ROSA BONHEUR

8. — Cerf et Biche dans la forêt : Effet d'hiver.

Au milieu d'une clairière un cerf et une biche sont arrêtés et semblent écouter avec inquiétude ; la terre est couverte de neige. Dans le fond, la forêt.

Signé à gauche et daté 1883.

T. — H., 0m,45. L., 0m,67.

BOUCHERVILLE (Ad. de)

9. — Présentation de la Mariée.

Un jeune villageois breton, accompagné de ses parents, vient présenter sa jeune épouse aux châtelains ; à droite, plusieurs personnes réunies examinent curieusement cette scène.

Signé à droite et daté 1874.

T. — H., 0m,61. L., 0m,83.

BOUCHERVILLE (Ad. de)

10. — Les Cadeaux de la marraine.

La jeune mère reçoit un collier de perles que lui présente la marraine ; dans le fond, le nouveau-né, des servantes et des jeunes enfants.

Signé à droite et daté 1876.

T. — H., 0m,61. L., 0m,83.

BRASCASSAT (J.-R.)

11. — Paysage avec figures et animaux.

Vue prise en Italie : Effet de soleil couchant.
Signé à gauche. Daté Rome, 1829.

T. — H., 0m,60. L., 0m,75.

COMTE (P.-C.)

12. — Charles-Quint et la duchesse d'Étampes.

Pendant son séjour à Fontainebleau, en 1540, l'empereur Charles-Quint, invité par la duchesse d'Étampes à un grand festin, laissa tomber devant elle, en se lavant les mains, un diamant d'un grand prix. La dame le ramassa et voulut le rendre. L'empereur la contraignit de le garder, en lui disant qu'il était tombé en trop belles mains pour qu'il pût le reprendre.

(*Mémoires de Messire Martin du Bellay.*)

Signé à droite et daté 1862.

T. — H., 0m,91. L., 1m,17.

COROT

13. — Paysage.

Un cours d'eau bordé à droite par une route sur laquelle est une paysanne ; plus loin, de grands arbres ; dans le fond on aperçoit le village. A gauche, une prairie et un grand saule penché sur la rivière.

T. — H., 0m,57. L., 0m,81.

DAUBIGNY

14. — Pâturage.

Vente Daubigny.

T. — H., 0^{m},48. L., 0^{m},78.

DEFAUX (A.)

15. — Le Pâturage : Paysage avec figures et animaux.

Signé à droite.

T. — H., 1^{m},58. L., 1^{m},28.

GENDRON (A.)

16. — Naples au XIVe siècle.

Promenade des fiancés autour du golfe.

T. — H., 0^{m},85. L., 1^{m},25.

GENDRON (A.)

17. — Rome au XVIe siècle.

Le cardinal Bembo, accompagné de sa nièce, visite les fouilles faites dans la campagne.

T. — H., 0m,86. L., 1m,24.

GROBON (Eug.)

18. Fruits : Raisins.

Signé à gauche et daté 1885.

T. — H., 0m,00. L., 0m,00.

HILLEMACHER

19. L'Enfance de Turenne.

Turenne est retrouvé le matin endormi sur l'affût d'un canon sur lequel il avait passé la nuit.

Signé à droite et daté 1875.

H., 0m,80. L., 0m,63.

HILLEMACHER

20. — Jameray Duval.

En 1717 il gardait les vaches de l'ermitage de Sainte-Anne près Lunéville et consacrait tous ses loisirs à l'étude de la géographie, des mathématiques et de l'astronomie. Les jeunes ducs de Lorraine, Léopold-Clément et François, chassant avec leurs précepteurs, le rencontrèrent livré à ses studieuses occupations et le retirèrent de son humble condition.

Signé à gauche. Daté 1873.

H., $0^{m},80$. L., $0^{m},63$.

JACQUE (Charles)

21. — Paysage : Bords de rivière.

Sur la droite, au premier plan, une barque amarrée à la rive, un batelier fait débarquer les bestiaux et les chevaux qu'il vient de transporter.

Plus loin, un troupeau de moutons vient s'abreuver dans la rivière.

Signé à gauche.

T. — H., $0^{m},67$. L., $1^{m},00$.

LAUNAY (De)

22. — L'Attente.

Signé à gauche.

B. — H., 0m,13. L., 0m,31.

LEFEBVRE (Jules)

23. — Diane surprise.

Esquisse du grand tableau exposé au Salon de
Signé à droite.

B. — H., 0m,21. L., 0m,27.

LOBRICHON (T.)

24. — Le Printemps.

Au centre, un jeune enfant assis sur un tertre, jouant avec un hanneton. Tout autour un encadrement peint sur fond gris.

Les jeux de l'enfance.

B. — H., 0m,96. L., 0m,77.

LOBRICHON (T.)

25. — **Soins maternels.**

Signé à droite.

H., 0m,70. L., 0,45.

LOBRICHON (T.)

26. — **Petite Curieuse.**

Deux gracieuses compositions se faisant pendant.
Signé.

H., 0m,70. L., 0m,45.

MADOU

27. — **L'Auberge.**

Au premier plan, un homme attablé parait discuter la carte à payer avec la servante, debout en face de lui.

Signé à droite et daté 1846.

B. — H., 0m,30. L., 0m,35.

MARILHAT

28. — Les Bords du Nil : Effet de soleil couchant.

Au premier plan, le fleuve sillonné par les embarcations ; au fond, à droite, on aperçoit les pyramides.

T. — H., 0m,33. L., 0m,61.

MESPLÈS

29. — Tête de Femme.

Signé à droite.

T. — H., 0m,58. L., 0m,47.

MUNKACSY (M.)

30. — Le Passage voûté.

Signé à droite.

B. — H., 0m,[illegible] L., 0m,53.

ROUSSEAU (Philippe)

31. — La Chasse aux canards.

Signé et daté à droite.

B. — H., 0m,30. L., 0m,45.

TASSAERT

32. — Christ mort au pied de la croix.

T. — H., 1m,40. L., 2m,30.

TASSAERT

33. — La Tentation de saint Antoine.

Esquisse.

T. — H., 0m,58. L., 0m,48.

TCHOUMAKOFF

34. — Tête de Jeune Fille.

Signé en haut à gauche.

B. — H., $0^m,40$. L., $0^m,32$.

TCHOUMAKOFF

35. — Jeune Femme.

Signé en haut à gauche.

B. — H., $0^m,27$. L., $0^m,21$.

TRAYER

36. — Les Vacances : Scène d'intérieur.

Signé à droite et daté 1859.

T. — H., $1^m,10$. L., $1^m,41$.

VAUQUELIN (René)

37. — Une Juive d'Alger.

Signé à droite.

T. — H., $0^m,27$. L., $0^m,35$.

VAUQUELIN (René)

38. — La Seine à Jumièges : Paysage.

Signé à droite.

T. — H., 0m,22. L., 0m,42.

ZIEM

39. — La Pêche : Marine près Venise.

Signé à gauche.

T. — H., 0m,40. L., 0m,63.

AQUARELLES

AQUARELLES

ASTRUC (ZACHARIE)

40. — Une Auberge : Paysage.

Aquarelle.
Signé à gauche.

BENASSIT

41. — Le Placet.

Aquarelle.
Signé à gauche.

BENASSIT

42. — Le Camp : Époque Louis XV.

Aquarelle.
Signé à gauche.

BENASSIT

43. — Cuirassiers : L'avant-garde.

Aquarelle.

BRISSOT

44. — Moutons.

Aquarelle.

CICÉRI (Eug.)

45. — Les Saules.

Aquarelle.

CICÉRI (Eug.)

46. — La Pêche.

Aquarelle.

CICÉRI (Eug.)

47. — Paysage.

Aquarelle.

CICÉRI (Eug.)

48. — Bords de rivière.

Aquarelle.
Signé à gauche.

CICÉRI (Eug.)

49. — Environs de Grenoble.

Aquarelle.

50. — Sous ce numéro, les tableaux non catalogués.

5372. — Bourloton. — Imprimeries réunies, A, rue Mignon, 2, Paris.

www.ingramcontent.com/pod-product-compliance
Ingram Content Group UK Ltd.
Pitfield, Milton Keynes, MK11 3LW, UK
UKHW020539180726
13839UKWH00006B/2606